AF258694

L 97/22
309.15

L27m
30215

MONSEIGNEUR

PEYRAMALE

CURÉ DE LOURDES

SA VIE — SON ŒUVRE

Prix : 60 Centimes

LOURDES

CHEZ TOUS LES MARCHANDS

1877

TOUS DROITS RÉSERVÉS

BIBLIOTHÈQUE NATIONALE IMPRIMÉS

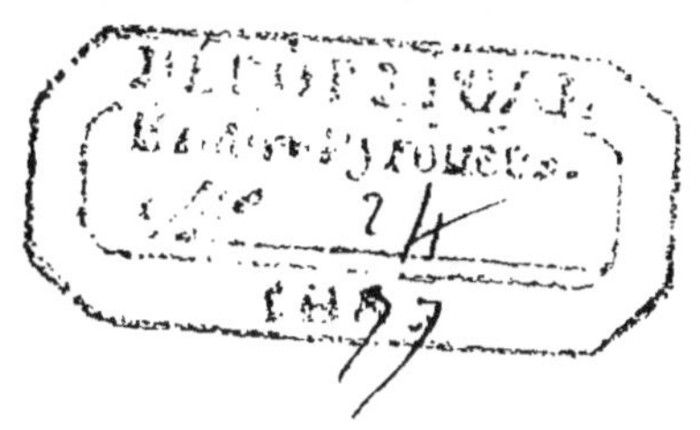

MONSEIGNEUR

PEYRAMALE

CURÉ DE LOURDES

SA VIE ET SON ŒUVRE

LOURDES

CHEZ TOUS LES MARCHANDS

1877

TOUS DROITS RÉSERVÉS

I

La physionomie de Mgr Peyramale peut être à bon droit considérée comme une des plus attachantes de notre époque pourtant si féconde en éminents caractères religieux.

Dieu ne l'avait pas créé, à l'exemple de tant d'autres, pour les grandes luttes de la tribune sacrée, il ne l'avait point distingué pour être un de ces énergiques champions de l'école des Bossuet, des Massillon, des Bourdaloue, des Lacordaire ou des Ravignan qui font retentir la chaire de leur virile parole : il avait assigné à Mgr Peyramale une mission plus douce mais dont l'éclat devait rayonner néanmoins sur toute la surface et dans toutes les profondeurs du monde chrétien. On peut dire de Mgr Peyramale que Dieu avait créé pour lui une fonction spéciale dans l'apostolat. De même que les souverains de la terre choisissent des hommes éprouvés pour l'accomplissement de certaines missions délicates, de même la divine Providence avait imposé une tâche spéciale à ce soldat de l'Eglise en lui confiant la défense d'un poste avancé contre les assauts de l'esprit d'Analyse et de la Libre-Pensée. Dieu avait voulu, pour ainsi dire, détacher Mgr Peyramale de son culte exclusif pour l'attacher plus étroitement au service de la Vierge, reine des Anges. Et n'est-ce pas un contraste charmant, un de ces contrastes saisissants dans lesquels se complaisent les desseins de la Providence, que le spectacle de cette rude physionomie de prêtre pyrénéen désigné par Dieu pour le service de Celle qui résume en Elle toutes les tendresses, toutes les grâces et toutes les perfections ! Il fut, si l'on peut nous permettre cette expression, l'homme de confiance de la Vierge, recommandé par son divin Fils à sa Mère, afin d'être sur la terre l'exécuteur de ses volontés, l'intermédiaire autorisé entre la Divinité et l'Humanité. C'est à ce titre que le nom de Peyramale est à jamais impérissable et que sa physionomie comporte un caractère spécial, même parmi les plus grandes figures religieuses de notre temps.

II

Marie-Dominique Peyramale est né en 1811 à Momères, petite localité située au sud de la plaine de Tarbes.

Son père exerçait la profession de médecin. Dominique était le cadet de deux autres frères. Sa première enfance n'eut rien de particulier. Il la passa sous l'œil de sa mère qui préluda elle-même, avant de l'envoyer à l'école, à son éducation. Elle lui apprit à lire et à prier le bon Dieu. Détail qui mérite cependant d'être relevé, la mère de Dominique pratiquait une dévotion toute particulière à la sainte Vierge, et c'est au patronage de la Mère du divin Maître qu'elle se plaisait, dans les prières qu'elle apprenait à son enfant, à recommander Marie-Dominique. Il tenait de son parrain le nom de Dominique, mais sa mère avait voulu qu'il reçût également le nom de MARIE sur les fonts baptismaux.

Après avoir reçu quelques leçons du desservant de Momères, qui l'initia aux rudiments du latin, Marie-Dominique entra au collége de Tarbes où il prit rang dans la classe de cinquième.

Il avait à cette époque dix ans et déjà la vocation religieuse commençait à se manifester en lui.

Ses parents, cependant, ne voyaient pas sans inquiétude se dessiner cette vocation. La mère de Dominique, particulièrement, avait rêvé pour lui une autre carrière, et, d'un autre côté, elle redoutait que le caractère déjà énergique, quelquefois absolu, toujours tenace de son fils ne se conciliât point avec les qualités de douceur, d'indulgence et de condescendance dont elle ne le croyait pas doué. Elle combattit tant qu'elle put la volonté de son fils, mais celui-ci était bien résolu à ne point céder, et plus ses parents semblaient lui opposer de résistance, plus il s'efforçait de les rallier à son désir. Devant une telle opiniâtreté, il ne restait plus aux parents de Dominique qu'à se soumettre à la volonté de Dieu. A partir de ce moment on le laissa libre et il put tout à son aise se préparer aux destinées que Dieu lui réservait.

Après avoir fait un séjour de quelques années au collége de Tarbes, il entra au petit séminaire de St-Pé, cette pépinière féconde d'où sont sortis tant d'ecclésiastiques distingués.

Déjà Marie-Dominique était constamment cité par ses maîtres en exemple à ses condisciples. C'était un élève assidu, laborieux, travaillant avec une ténacité, une opiniâtreté devant lesquelles une autre vigueur que la sienne n'eût point tardé à s'émousser. Si, parfois, on lui reprochait, dans l'intérêt de sa santé, ses excès de travail, il répondait : — « Pour être digne de servir le bon Dieu, il faut tout savoir. Un prêtre doit tout apprendre; la Foi n'abaisse pas la Science, elle la fortifie et c'est alors que la science devient une arme terrible contre les ennemis de la religion. »

Ce n'était point, d'ailleurs. comme écolier que Marie-Dominique était cité en exemple par ses maîtres. Ceux-ci se plaisaient déjà à reconnaître en lui les plus nobles qualités qui font plus tard le prêtre accompli. Il se signalait par un détachement sans égal, par le mépris le plus profond des biens de la terre. Etant tout enfant, il était un jour rentré au logis à moitié nu. Le voyant dans un état absolument délabré, n'ayant plus ni son béret, ni sa veste, ni ses souliers, sa mère dès qu'elle l'aperçut, se mit à le gronder et peut-être allait-elle, cédant à un mouvement de colère fort excusable, joindre la menace à l'exécution quand, à ce moment, survint le bon desservant de Momères tenant à la main un pauvre enfant de l'âge et de la taille de Marie-Dominique.

— Qu'est-ce qu'il y a donc, monsieur le curé ? demanda Mme Peyramale.

— Il y a, chère madame, répondit le serviteur de Dieu, que Dominique a rencontré tout à l'heure ce gamin et qu'il lui a donné sa veste, ses souliers et son béret.

— Mais, malheureux, répliqua Mme Peyramale en s'adressant à son fils, d'un ton de gronderie douce et émue, tu ne sais donc pas que tu n'as plus rien à te mettre sur le dos ?

— Qu'importe, ma bonne mère, dit simplement Dominique, moi je suis fort, j'ai une santé robuste, je peux bien endurer le froid de l'hiver, tandis que mon petit camarade n'est pas bien vigoureux. Ah ! ma mère, continua-t-il, si tu avais vu comme ses membres tremblaient tout à l'heure sous la bise ! Rien que de le voir si chaudement vêtu maintenant, je me sens bien heureux, et je t'assure que je n'ai nulle envie de me plaindre du froid qu'il fait.

— Dominique, mon cher enfant, viens m'embrasser, s'écria Mme Peyramale.

Et le petit pauvre garda les vêtements de Dominique.

La charité de Dominique était si grande, son détachement était tel, qu'il finit même par devenir inquiétant.

Ainsi un jour, pendant qu'il était au petit séminaire, sa mère lui avait fait remettre par un ami dix francs destinés à l'achat de livres et de cahiers.

Le jour où il reçut cette somme était précisément un jeudi, jour de promenade.

A peine les écoliers avaient-ils franchi les portes du séminaire, que Dominique donnait ses dix francs au premier pauvre qu'il rencontra.

Il fallut que les parents de Dominique fissent eux-mêmes l'acquisition des objets dont leur enfant avait besoin.

— Notre fils est un bien mauvais sujet, disait souvent Mme Peyramale avec un fin sourire. On ne peut pas lui confier seulement dix sous !

III

C'est en 1829 qu'il entra au grand séminaire ;
mais la révolution de 1830 étant survenue,
ses études durent être suspendues. Elles ne furent reprises qu'en 1831.

Durant cet intervalle une autre organisation
que celle de Peyramale eût pu être ébranlée.
Sa vocation eût pu se ressentir du contact gros-
sier de la vie bourgeoise. Il n'en fut rien pour
lui. On eût pu dire de Dominique qu'à peine
sorti du séminaire il avait la nostalgie de Dieu.
Il se remit alors au travail avec un acharne-
ment fiévreux. Selon sa propre expression,
« il s'outillait pour le service de la sainte
Eglise », il fourbissait par l'étude ses armes
pour combattre le bon combat dont parle
l'Ecriture. Nul ne comprenait mieux que lui
la fonction du prêtre dans la société. Sans

doute, il pouvait dès ce moment aspirer à de hautes destinées épiscopales, mais si son ambition se bornait uniquement à devenir le pasteur de quelque humble troupeau de village, il estimait qu'il faut être prêt à tout pour le service de Dieu et qu'un prêtre ne doit être déplacé nulle part. Il était d'ailleurs servi par de merveilleuses aptitudes. Sa mémoire était prodigieuse, son esprit était délié, son intelligence était ouverte à toutes les conceptions.

— Mon seul ennemi, disait-il quelquefois, c'est moi.

Il faisait alors allusion à l'impétuosité de sa nature, à l'ardeur de son caractère que l'esprit de pénitence ne parvenait pas toujours à dompter.

Si l'expression n'était pas trop profane, nous dirions que sous son enveloppe d'airain fermentait une âme herculéenne, affamée de la passion de Dieu et révoltée contre elle-même par la pitié que lui inspiraient les faiblesses de la nature humaine.

Il possédait un tel sentiment de la perfection que, si pur qu'il fût, la peur de ne pouvoir l'atteindre le rapetissait à ses propres yeux et l'excitait au mépris de lui-même.

Enfin, en 1835, il fut ordonné prêtre et vicaire à Vic-Bigorre.

Ce jour fut, après celui de sa première communion, le plus beau de sa vie.

Il était radieux comme un capitaine heureux qui vient de conquérir par sa vaillance une citadelle. Ce jour-là il le passa en prières et se rappelant ses jeunes années, alors que sa mère lui apprenait à balbutier la Salutation angélique, il adressa à la Mère de Dieu, à Marie pleine de grâces, à Celle qui est bénie entre toutes les femmes ses plus ferventes actions de grâces.

En 1837, il était nommé vicaire de St-Jean, à Tarbes.

En 1842. desservant à Aubarède.

En 1851, aumônier de l'hôpital civil et militaire de Tarbes.

Enfin, en 1854, curé-doyen de Lourdes.

Sa vie s'était ainsi écoulée jusque-là dans l'humilité et dans la charité.

Le curé Peyramale résumait alors, selon la belle expression de Mgr Langénieux, dans l'oraison funèbre (1) de son ami, le type du *Bon pasteur*.

L'abbé Peyramale n'avait rien à lui. Sa charité était proverbiale à ce point que les pauvres eux-mêmes, par pitié pour lui, n'osaient plus rien lui demander.

Un jour, à Cauterets, rencontrant un mendiant, l'abbé Peyramale lui donne tout l'argent qu'il avait sur lui. Après avoir exploré toutes ses poches, il avait réalisé cinq francs en menue monnaie, et il les versait dans la main du mendiant quand celui-ci, qui ne le connaissait que de réputation, l'arrête tout à coup.

— Vous êtes M. le curé Peyramale, lui dit-il.

— Vous me connaissez donc, mon ami ?

— Monsieur le curé, répond le mendiant, je ne vous ai jamais vu, mais je vous reconnais à votre charité. Aussi je n'accepte pas tout cet argent.

(1) Mgr Langénieux, archevêque de Reims et ancien évêque de Tarbes, se trouvait à Lourdes, où il faisait une retraite, à l'époque de la mort de Mgr Peyramale. Il voulut prononcer lui-même l'orai son funèbre du curé de Lourdes.

Et comme l'abbé Peyramale insistait et commençait à se fâcher :

— Eh bien ! soit, dit le mendiant en recevant les cinq francs. Seulement comme je suis riche maintenant et que c'est vous qui êtes le pauvre, faites-moi le plaisir d'accepter cette pièce de deux francs.

L'abbé Peyramale fût obligé de recevoir à son tour l'aumône du mendiant, mais on pense bien qu'elle ne fit pas un long séjour dans la poche de sa soutane.

Quand on le grondait sur ces accès de charité, il avait des réponses d'un à propos admirable et d'un esprit charmant.

Mgr l'évêque de Tarbes lui reprochait de se présenter dans le monde avec des soutanes qui souvent n'étaient qu'imparfaitement rapiécées.

— C'est vrai, Monseigneur, répondit-il, je suis le moins honteux des pauvres.

Quand il était aumônior à Tarbes, il causait le désespoir de sa mère.

Toutes les paires de souliers qu'elle lui envoyait étaient immédiatement donnés aux pauvres.

Et comme sa mère lui en faisait le reproche :

— Le bon Dieu n'a pas exclu du Paradis les va-nu-pieds, répondit-il.

Il distribuait aux familles pauvres le contenu des pôts de confitures et d'épiceries que sa mère lui envoyait, et, pour ne pas être grondé, il avait soin de recouvrir les pôts comme s'ils n'avaient pas encore été entamés.

Un jour qu'il avait été retenu à dîner par les bonnes sœurs de l'hospice civil et militaire de Tarbes, il leur remit cinq francs en se retirant.

Comme la Supérieure protestait, il se fâcha, disant que sa susceptibilité ne lui permettait pas de prendre la nourriture destinée aux pauvres.

A l'hôpital de Tarbes, il ne redoutait aucun contact avec les malades.

Quand il embrassait l'un d'eux, atteint de maladies contagieuses, il répondait aux observations des médecins :

— Qu'importent les souillures du corps si l'âme est pure !

IV

C'est en 1854, nous l'avons dit, que l'abbé Peyramale fut nommé curé doyen à Lourdes.

Tout d'abord il ne trouva pas auprès de la population de cette ville, — alors bien petite et qui devait, grâce à lui, devenir si prospère et si célèbre comme l'a dit si excellemment l'honorable M. Lapeyre, maire de Lourdes, aux obsèques de Mgr Peyramale — un accueil empressé et cordial.

Faut-il imputer la froideur des populations aux regrets qu'avait laissés à Lourdes le prédécesseur de l'abbé Peyramale ? Convient-il de l'attribuer à la rudesse apparente de ses manières, à son austérité rugueuse, à la brusquerie de sa nature, brusquerie avec laquelle on n'avait pas encore eu le temps de se familiariser ? Toujours est-il qu'à l'époque où de grands événements devaient, par la volonté de Dieu s'accomplir à Lourdes, l'abbé Peyramale commençait à peine à conquérir son troupeau.

M. Henri Lasserre, dans son admirable livre : *Notre-Dame de Lourdes* a tracé de l'abbé Peyramale un portrait qui définit par des traits saisissants sa situation et sa physionomie à cette époque.

« M. l'abbé Peyramale, alors âgé d'environ cinquante ans, était déjà depuis deux années curé-doyen de la ville et du canton de Lourdes. C'était un homme que la nature avait fait brusque, violent peut-être dans son amour du bien et que la grâce avait adouci tout en laissant deviner par moments l'arbre primitif, l'arbre rugueux, mais foncièrement bon sur lequel la délicate et puissante main de Dieu avait greffé le chrétien et le prêtre. Sa fougue native, entièrement apaisée pour tout ce qui le concernait, lui-même, était devenue le pur zèle de la maison de Dieu.

« En chaire sa parole, apostolique toujours, était quelquefois rude, elle poursuivait tout ce qui était mal, et aucun abus, aucun désordre moral, d'où qu'il vînt ne le trouvait indifférent ou faible. Souvent la société de l'endroit flagellée dans quelqu'un de ses vices ou de ses travers par l'ardente parole du pasteur, avait jeté les hauts cris, il ne s'en était point ému et avait fini presque toujours par être, Dieu aidant, vainqueur dans la lutte.

« Ces hommes de devoir sont gênants et on leur pardonne rarement l'indépendance et la sincérité de leur langage. On le pardonnait pourtant à celui-là : car, lorsqu'on le voyait cheminer par la ville avec sa soutane rapiécée et reprisée, ses vieux souliers racommodés et son vieux tricorne déformé, on savait que l'argent de sa garde robe s'employait à secourir les malheureux. Ce prêtre si austère dans ses mœurs, si sévère dans ses doctrines, était d'une bonté de cœur inexprimable et il dépensait son patrimoine à faire le bien aussi obscurément qu'il le pouvait, mais son humilité n'avait pu parvenir à cacher, comme il l'eut voulu, sa vie de dévouement : la reconnaissance des pauvres avait parlé : la vie privée est d'ailleurs bien vite percée à jour dans les petites villes, et il était devenu l'objet de la vénération générale. Rien qu'à voir la façon dont ses paroissiens ôtaient leur chapeau quand il passait dans la rue ; rien qu'à l'accent familier, affectueux et content, dont les pauvres

gens assis sur le pas de leur porte disaient
« Bon jour, monsieur le curé ! » on devinait
qu'un lien sacré, celui du bien modestement
accompli, unissait le pasteur à ses ouailles.
Les libres-penseurs disaient de lui : « Il n'est
pas toujours commode, mais il est charitable
et ne tient pas à l'argent. C'est le meilleur des
hommes, malgré la soutane. »

« Plein d'abandon et de bonhomie dans la
vie privée, ne supposant jamais le mal et se
laissant même quelquefois tromper par des
gens qui exploitaient sa bonté, il était, comme
prêtre, prudent jusqu'à la défiance dans tout
ce qui touchait aux choses de son Ministère
et à l'intérêt éternel de la Religion. L'homme
pouvait être parfois abusé, le prêtre jamais.
Il y a des grâces d'Etat. »

A Lourdes, comme partout où il avait passé,
la charité de l'abbé Peyramale était légen-
daire.

Un jour qu'il était allé voir son frère, médecin à quelques lieues de Lourdes, celui-ci
avait exigé qu'il prit pour s'en retourner son
meilleur cheval, bête d'un grand prix.

De retour à Lourdes, l'abbé Peyramale reçoit
la visite d'un commerçant qui lui explique que
ses affaires sont mauvaises et que, faute de

huit cents francs, il va être obligé de se déclarer en faillite.

— Je n'ai point d'argent, dit en soupirant l'abbé Peyramale.

Cependant après un moment de réflexion :

— Attendez donc, s'écrie-t-il. J'ai un cheval, vendez-le. Ce cheval est à mon frère, mais entre frères on se fait crédit.

Une nuit on le rencontra dans une rue de Lourdes marchant péniblement, accablé qu'il était par le poids d'un lourd matelas de laine qu'il portait lui-même à une famille indigente d'un village voisin.

En plaçant ce grand et noble prêtre à Lourdes la Providence avait eu ses desseins.

La volonté de Dieu devait également se manifester en l'y maintenant.

Il fut en effet question à un certain moment, du déplacement de l'abbé Peyramale.

En 1857, la cure de l'une des principales paroisses de Tarbes était devenue vacante. Deux compétiteurs étaient en présence et la ville qui avait commencé par se diviser en deux partis, n'avait pas tardé à se fractionner en trois camps, le troisième camp signalant à Mgr l'Evêque la nomination du curé de Lourdes comme le seul moyen de mettre un terme à ses hésitations.

Monseigneur était fort perplexe. Il allait s'arrêter à cette solution qui lui souriait d'autant plus qu'il eût voulu honorer M. le curé de Lourdes d'une distinction toute particulière ; mais l'abbé Peyramale déclina l'offre de son Evêque, désirant, dit-il, « demeurer à Lourdes où il se sentait attaché malgré lui. »

V

L'année 1858 était survenue.

L'existence de l'abbé Peyramale s'était écoulée jusque là douce et calme, uniquement consacrée à la Charité et au paisible service de Dieu. Il avait vécu dans l'humilité, dérobant à tous les regards les nobles et saintes actions de sa vie. Cependant le moment était arrivé où la Providence, le tirant de son obscurité, allait lui imposer une fonction plus active et plus délicate en même temps. Après avoir fait de l'abbé Peyramale un soldat de l'Eglise, la Providence allait faire de lui un diplomate de l'Eglise, le révélant au monde chrétien sous des aspects de grandeur, de simplicité, de patience qui vont subitement transformer le modeste curé de Lourdes en une individualité dont la physionomie est désormais impérissable.

C'est le 11 février 1858 que la première Apparition des roches Massabielle s'était manifestée aux yeux éblouis de Bernadette.

Tout d'abord l'émotion s'était circonscrite, mais bientôt le Monde allait ressentir une formidable commotion.

Les miracles se multipliaient, le Surnaturel se faisait palpable. On eut dit que la Divinité se matérialisait tant les faits extraordinaires dont les roches Massabielle devenaient le théâtre étaient indéniables. La Libre-Pensée criait au scandale. Dieu n'osait-il pas la braver ? En vérité c'était trop d'audace !

Il faut se reporter au beau livre, livre véritablement inspiré de M. Henri Lasserre, *Notre-Dame de Lourdes*, pour se bien rendre compte à distance de l'immense émotion qui s'empara des populations à cette époque.

C'est alors que l'abbé Peyramale fut vraiment grand.

Son intervention dans les événements miraculeux pouvait tout perdre ; le tact, la modération dont il fit preuve devaient tout sauver.

Si, dès le début, le clergé n'écoutant que sa foi, avait pris part aux manifestations de la grotte divine, il est évident que l'Administration subissant les protestations de la Libre-Pensée se fût efforcée plus tôt d'enrayer le mouvement qui portait les flots populaires aux roches Massabielle. Le clergé se tint strictement à l'écart, se faisant une loi de demeurer en dehors des événements et poussant même la réserve jusqu'à encourir les éloges de la Libre-Pensée.

Le curé de Lourdes assistait du fond de son presbytère comme d'un Observatoire à ce qui se passait.

Le moment vint cependant où l'Administration elle-même s'émut.

C'est alors que l'abbé Peyramale jugea nécessaire d'éprouver par lui-même la sincérité de Bernadette.

Il aborda la Voyante avec une attitude sévère, lui habituellement si bon, si bienveillant envers les petits et les faibles; il essaya de la prendre en défaut, de l'intimider, mais bientôt ce fut lui qui fût vaincu par cette puissante faiblesse. La Libre-Pensée qui avait cru rencontrer en lui un auxiliaire, allait se trouver enfin aux prises, dans la personne de l'abbé Peyramale avec un adversaire impitoyable et d'autant plus terrible que l'arme dont il devait se servir — le silence, — frapperait dans l'ombre sans fournir la moindre chance à ses ripostes.

La guerre était déclarée ; mais le plan de la divine Providence continuait à se dérouler avec sa logique formidable.

Chaque jour de nouvelles guérisons miraculeuses s'opéraient, et pendant ce temps la Voyante continuait ses visites à la « Dame » de la Grotte.

Les Libres-Penseurs étaient abasourdis.

Ils demandaient qu'on mit la Providence au cachot.

Jusque là l'abbé Peyramale avait tenu à rester en dehors des événements, il avait refusé d'y prendre une part active, bien que Bernadette l'eût fait le confident des révélations qu'elle tenait de l'Apparition, des ordres qu'elle avait reçus de la « Dame » et des commissions dont la Sainte Vierge l'avait chargée. Mais les événements eux-mêmes allaient bientôt l'obliger à rompre avec son attitude expectante et lui forcer la main.

En attendant, de toutes les parties de la région du sud-ouest, les flots populaires se portaient sur le chemin des roches Massabielle.

« Les ouvriers de Lourdes, dit M. Henri Lasserre, avaient élargi le sentier tracé depuis quinze ou vingt jours par les carriers sur les pentes de Massabielle ; ils avaient fait jouer la mine et taillé le rocher en maint endroit : de sorte qu'ils avaient créé sur ces côteaux abrupts un chemin assez large et très pratiquable. C'était un travail considérable, qui avait demandé de la peine, du temps, des frais. Ces braves gens accomplissaient ce labeur dans la soirée, en revenant des chantiers où ils étaient occupés du matin au soir. Ils se reposaient des fatigues de leur rude journée en travaillant à ce chemin qui conduisait à Dieu : *In labore requies.* Vers la tombée de la nuit on les voyait attachés comme une fourmilière au flanc du tertre rapide, piochant, brouettant, creusant le roc, y mettant de la poudre et faisant voler en éclats le marbre et le granit.

« — Qui vous payera ? leur disait-on.

« La Sainte Vierge, répondaient-ils.

On conçoit que la Libre-Pensée avait hâte de mettre un terme à ces ardentes explosions de la Foi populaire. Les miracles persistant à s'accomplir sous les yeux des multitudes, la Libre-Pensée se sentait vaincue si elle ne re-

courait pas au plus vite aux arguments irré-
sistibles, c'est-à-dire à la force brutale, à la
violence. Elle déclara la sainte Vierge sédi-
tieuse et demanda formellement l'arrestation
de la Voyante. Pour un peu elle eût exigé un
arrêt contre les miracles, elle eût décrété
Dieu d'imposture et eût obligé la Foi à faire
amende honorable devant la déesse Raison.

Ils étaient là, pourtant, visibles à tous les
yeux, ceux que l'onde miraculeuse sortie des
flancs de la grotte avait guéris, ceux qui
avaient recouvré la vue, les paralytiques qui
s'étaient redressés, les mourants qui étaient
subitement revenus à la santé. Mais qu'im-
portait à la Libre-Pensée ?

De guerre lasse, on songea à opposer aux
grands remèdes de la grotte les grands maux
de la Loi et l'arrestation de Bernadette fut
résolue.

On n'avait, il est vrai, oublié qu'un détail,
mais il avait son importance, c'est que, avant
d'arrêter Bernadette on se heurterait à l'abbé
Peyramale.

— Cette enfant est innocente ! s'écria-t-il ; et
la preuve, c'est que, malgré des interrogatoires de toute sorte, on n'a pu trouver un pré-
texte à la moindre poursuite. Il n'y a pas un

tribunal en France qui ne reconnût cette innocence, éclatante comme le soleil ; il n'y a pas un Procureur général qui, en de telles circonstances, ne déclarât monstrueuse et ne fît cesser, non-seulement une arrestation, mais une simple action judiciaire.

Curé-doyen de la ville de Lourdes, je me dois à tous et en particulier aux faibles. Si je voyais un homme armé attaquer un enfant, je défendrais l'enfant au péril de ma vie, car je sais le devoir de protection qui incombe au bon pasteur. Allez donc dire à l'Autorité que les gendarmes me trouveront sur le seuil de la famille Soubirous et qu'ils auront à me renverser, à me passer sur le corps, à me fou-ler aux pieds avant de toucher à un cheveu de la tête de cette petite fille.

— Cependant.....

— Il n'y a pas de cependant. Examinez, faites des enquêtes : vous êtes libres, et tout le monde vous y convie. Mais si, au lieu de cela, l'on veut persécuter, l'on veut frapper les innocents, sachez bien qu'avant d'atteindre le dernier et le plus petit parmi mon troupeau, c'est par moi qu'il faut commencer.

Le Prêtre s'était levé. Sa haute taille, sa tête aux traits puissants, la plénitude de force qui éclatait en lui, son geste résolu, son visage ardent d'émotion, commentaient ses paroles et leur donnaient toute leur physionomie.

— Quant à la Grotte, reprit le Prêtre, si l'on veut, au nom des lois de la Nation, la dépouiller des objets que d'innombrables visiteurs y ont déposés en l'honneur de la sainte Vierge, qu'on le fasse. Les croyants seront attristés et même indignés. Mais qu'on se rassure : les habitants de ce pays savent respecter l'Autorité, même quand elle s'égare. On dit qu'à Tarbes un escadron est en selle, attendant pour accourir à Lourdes un signal de l'Autorité. Que l'escadron mette pied à terre. Quelque ardentes que soient les têtes, quelque ulcérés que soient les cœurs, on écoute ma voix, et je réponds, sans la force armée, de la tranquillité de mon peuple. Avec la force armée, je n'en réponds plus. (1)

(1) Henri Lasserre, *Notre-Dame de Lourdes.*

VI

C'est surtout à partir de ce moment que la
figure de l'abbé Peyramale se dessine, pour se
graver en traits profonds sur le marbre impérissable de l'Histoire chrétienne.

Il avait suffi qu'il se montrât pour que les
persécutions contre la Voyante, ambassadrice
de la Vierge, cessassent aussitôt. Cet humble
prêtre, qui la veille n'était rien, qui n'était
qu'un infime pasteur, avait sans mot dire,
par le seul prestige du respect qu'il inspirait,
paralysé un pouvoir formidable. On sentait
qu'on avait affaire à un géant et que, sur un
signe de ses doigts, sur le signe de la Croix,
sa pauvre soutane rapiécée pouvait devenir le
drapeau de combat d'une multitude de légions

chrétiennes, prêtes à tout, décidées même au
martyre plutôt que de faire le plus petit sacri-
fice à leur foi. L'abbé Peyramale s'était à son
insu même senti grandir de cent coudées. On
eût dit qu'une main invisible et divine le sou-
tenait dans la lutte. En un instant toutes les
facultés de son intelligence, qu'on eût dit
assoupies par une existence faite de charité,
par cette vie uniforme dans laquelle se mou-
vait sa grande âme depuis de longues années,
s'éveillèrent. Les semences qu'y avait autrefois
répandues la Science fécondèrent, poussant
sur l'arbre primitif et fruste des floraisons
printanières.

Il n'avait, pas plus que son clergé, mis
encore le pied à la Grotte miraculeuse, obser-
vant une réserve, une circonspection qui
pesaient certes à son cœur ; mais s'il se tenait
sur le seuil de la terre promise, il se sentait
soutenu par une force intérieure qui lui permettait de tout souffrir, en attendant le jour
du triomphe qu'il voyait déjà luire dans un
prochain horizon.

Grâce à sa prudence, la Libre-Pensée avait
été désarmée ; grâce à sa sagesse, la Foi
allait remporter la victoire décisive.

Après les enquêtes civiles, l'enquête ecclésiastique allait avoir le dernier mot.

Déjà l'Empereur avait ordonné que nulle entrave ne fût plus apportée désormais à la piété des fidèles. Sa Majesté envoyait de Biarritz un télégramme qui rendait à la circulation les environs des roches Massabielle, et, enfin, Mgr Bertrand-Sévère Laurence, évêque de Tarbes, jugeant en dernier ressort dans la question, préalablement soumise à l'étude d'une Commission, déclarait solennellement que « L'Immaculée Marie Mère de Dieu avait réellement apparu à Bernadette Soubirous le 11 février 1858 et jours suivants, au nombre de dix-huit fois, dans la, Grotte de Massabielle, près de la ville de Lourdes; que cette Apparition revêt tous les caractères de la vérité et que les fidèles sont fondés à la croire certaine. »

« Pour nous conformer, ajoutait l'Evêque, à la volonté de la sainte Vierge, plusieurs fois exprimée lors de l'Apparition, nous nous proposons de bâtir un sanctuaire sur le terrain de la Grotte qui est devenue la propriété des Evêques de Tarbes. »

Mgr Laurence venait en effet d'acheter, au nom de l'Evêché, c'est-à-dire au nom de l'Eglise, à la ville de Lourdes, la Grotte, le terrain qui l'entoure et le massif des Roches Massabielle.

Par ordre de l'Empereur, le Ministre autorisa cette vente ainsi que la construction d'une église qui devait rappeler aux générations futures les Apparitions de Celle qui avait choisi ces lieux désormais bénis, pour se révéler à une enfant, et pour y accomplir tant de choses merveilleuses.

Alors, sous l'impulsion de l'abbé Peyramale, l'activité humaine fit des prodiges, transformant ces lieux naguère sauvages en un site superbe. Les eaux du Gave furent détournées, une belle route carossable fut ouverte, et des légions d'ouvriers se mirent à l'œuvre.

Comme le capitaine sur son navire, l'abbé Peyramale veillait à tout. Il était l'âme vivante de cette ruche laborieuse, infatigable, dont la foi soulevait des montagnes.

En même temps, de toutes les parties du monde catholique affluaient les pèlerins. Toute la chrétienté se donnait rendez-vous à Lourdes. De l'aube au coucher du soleil, ce n'était qu'une longue procession de fidèles de tous les pays venant respirer, du seuil de la Grotte, le pur parfum qu'y avait laissé le passage de la céleste Apparition. Et bien souvent la nuit les surprenait à prier ou à chanter les louanges de Marie, qui s'élevaient ainsi vers les cieux dans la pâle clarté des étoiles.

L'abbé Peyramale était le centre où convergeaient tous les cœurs. Chacun voulait le voir, lui parler. Les petits et les humbles, les déshérités de la fortune trouvaient auprès de lui un accueil cordial, doux, paternel, en même temps que les grands de la terre se sentaient subjugués par la hauteur de ses vues, par la culture de son esprit, par l'étendue de ses connaissances en toutes choses. Il tenait tout le monde sous le charme de sa parole, et il n'était pas jusqu'à la rudesse apparente de ses manières qui ne fût une séduction. En moins de quelques mois, Lourdes avait été visité par tout ce que le monde catholique compte de notoriétés, par tout ce que la Société compte de personnes distinguées.

Cet humble prêtre, ce pasteur longtemps ignoré d'une bourgade perdue au fond des Pyrénées, qui professait à un si haut degré le mépris des richesses, dont la pauvreté était le seul luxe, s'il est permis de s'exprimer ainsi, avait une surprenante intuition du Grand et du Beau.

Songeant à toute heure au message que la Vierge Immaculée lui avait adressé par l'intermédiaire de Bernadette, il avait projeté d'élever à la Reine des Cieux un temple colossal. Son imagination avait rêvé un plan digne des conceptions de Salomon. Avare pour tout ce qui ne regardait que ses besoins, il voulait être pour Dieu d'une magnificence que rien n'épouvantait, d'une prodigalité qui ne reculait devant aucun excès.

Un jour, en face même de la Fontaine miraculeuse, au milieu d'un groupe d'ecclésiastiques et de laïques, l'architecte lui présente le projet, assez gracieux d'ailleurs, d'une charmante petite église à construire au-dessus de la Grotte. Le curé Peyramale y jette les yeux. et le rouge lui monte au visage. D'un geste brusque, il froisse et déchire le plan et en jette les morceaux dans le Gave.

— Que faites-vous ? s'écrie l'architecte stupéfait.

— Vous le voyez, répond le prêtre ; je rougis de ce que la mesquinerie humaine ose offrir à la Mère de mon Dieu, et j'en anéantis l'expression misérable. Ce qu'il faut ici, en mémoire des grands événements qui s'y sont accomplis, ce n'est pas l'église rétrécie d'un village : c'est un temple de marbre, aussi grand que pourra le contenir le sommet des roches Massabielle, aussi magnifique que le pourra concevoir votre esprit. Allez, monsieur l'architecte, que votre génie ose tout, que rien ne l'arrête et qu'il nous donne un chef-d'œuvre. Et sachez bien que, fussiez-vous Michel-Ange, ce sera encore étrangement indigne de la Vierge apparue ici.

— Mais, monsieur le Curé, observa-t-on de toutes parts, il faudrait des millions pour réaliser ce que vous dites !

— Celle qui de ce roc stérile a fait jaillir la Source vive, saura bien rendre généreux les cœurs des croyants, répliqua le Prêtre. Allez, et ne craignez point. Pourquoi tremblez-vous, chrétiens de peu de foi ? (1)

Le temple s'éleva dans les conditions rêvées par l'abbé Peyramale. Edifié sur le plateau des roches Massabielle, son clocher, ouvragé comme une dentelle, dresse vers le ciel son élégant campanile.

____

(1) Henri Lasserre, *Notre-Dame de Lourdes.*

Digne par sa grâce de Celle à qui elle est consacrée, cette Basilique est digne aussi du doux et puissant esprit qui en a conçu la grandeur.

VII

L'abbé Peyramale n'a pu malheureusement
survivre qu'à une partie de son œuvre.

Il a assisté au triomphe de la Foi sur le
Doute, il a vu s'édifier la sainte Basilique
consacrée à Marie par la piété des fidèles, il a
vu le monde chrétien affluer à Lourdes, il a pu
contempler les résultats de son infatigable
énergie. de sa profonde sagesse et de sa mer-
veilleuse ténacité ; il a pu passer les dernières
années de sa vie dans la bénédiction de son
troupeau, dans la vénération universelle,
mais Dieu ne permit pas qu'il complétât son
œuvre, voulant sans doute laisser aux succes-
seurs de Mgr Peyramale une part dans la

reconnaissance et dans le souvenir des générations nouvelles.

Après la renommée qui s'était faite autour de son nom vénéré, les plus grandes dignités lui avaient été offertes. Il les refusa toutes pour demeurer à Lourdes au milieu de ces populations qu'il avait tant aimées et vivre dans l'atmosphère bénie des roches Massabielle.

Le Saint-Père, cependant, violenta la modestie du pasteur et lui décerna la dignité épiscopale de protonotaire apostolique.

Par la hauteur de son esprit, par la noblesse de son caractère, par l'élévation de ses idées, il était digne des plus hautes fonctions sacerdotales ; mais il ne voulut rien être que pasteur, et tout en étant dignitaire de l'Eglise romaine, le plus beau titre à ses yeux, consistait à rester curé de Lourdes.

Nous ne saurions dire si quelques amertumes se mêlèrent aux derniers moments de son existence si saintement et si laborieusement remplie ! Toujours est-il que la mort le surprit au moment où il rêvait de nouveaux prodiges.

Après avoir construit la Basilique de la Grotte.où viennent prier chaque année, accourant de toutes les parties de l'univers, des milliers de fidèles, Mgr Peyramale avait voulu que la ville de Lourdes fût à son tour dotée d'une église digne de la cité qu'avait choisie la vierge Marie pour y révéler sa présence.

Les pèlerins en entrant à Lourdes ont besoin d'un abri, d'un saint lieu de réunion où ils puissent s'assembler pour se rendre en procession à la Grotte, située très loin de la gare.

Cette idée était trop juste et trop charitable pour que l'esprit de Mgr Peyramale ne s'en emparât point.

Depuis deux ans il s'était mis à l'œuvre.

Avec le zèle qui lui était particulier toutes les fois qu'il s'agissait de la Maison de Dieu, grâce à lui, une vaste église s'éleva bientôt au-dessus d'une belle crypte, ayant trois nefs d'une imposante envergure, comptant soixante-sept mètres de longueur sur trente-sept de large et pouvant contenir six mille personnes.

Construite dans le style roman du XIe siècle, cette œuvre est d'une admirable pureté de style. Quatorze colonnes monolithes de grande dimension, de beau marbre de Campan, monuments de la piété des pèlerins qui, en souvenir de leur passage, ont voulu apporter une pierre à l'édifice, en sont les premiers ornements. Mgr Peyramale voulait que l'inscription sur chacune de ces colonnes du nom des pays divers des donateurs fût un honneur pour ceux-ci et constituât un éternel souvenir de reconnaissance de la part de la ville de Lourdes. C'est ainsi que sur leur fût, se détachent ces mots : Le Brésil, la Belgique, le Portugal, Paris, Londres, Nantes, Limoges, Rouen, Beauvais, etc.

Depuis quelques mois les travaux avaient été suspendus, car Mgr Peyramale rencontra plus d'une fois des obstacles.

— Pour que cette Eglise s'achève, disait-il avec une douce mélancolie, il faut que je meure.

La mort est venue, en effet, le surprendre au milieu de ses conceptions nouvelles ; mais la semence qu'il a jetée dans le champ du Seigneur ne tardera pas à féconder, et la prophétie du bon curé se réalisera. (1)

(1) Ce vœu est déjà en voie de se réaliser. Le jour même de la mort de Mgr Peyramale de nombreuses personnes de distinction, au nombre desquelles nous nous plaisons à citer M. le comte de Breteuil, assuraient leur concours à l'œuvre du bon curé de Lourdes.

En véritable soldat de l'Eglise, il était resté sur la brèche jusqu'au dernier moment, dérobant, même à ses amis, les souffrances physiques qu'il endurait avec une patience et une résignation de martyr.

L'avant-veille de sa mort, M. Cazeaux, député, son parent, était allé lui rendre visite. Comme il manifestait à Mgr Peyramale ses inquiétudes au sujet de sa santé qu'il s'obstinait à trouver excellente, M. Cazeaux lui arrachait ces paroles pleines de mélancolie.

— Oh ! oui, je souffre, je souffre horriblement !

Ce même jour, vers cinq heures du soir, il reçut dans sa nouvelle église en construction, le pèlerinage de Bourges, et il accueillit l'offrande qui lui fut faite pour son œuvre laborieuse, avec ces paroles pleines de cœur, qui débordaient toujours de son âme apostolique, toutes les fois qu'il s'entretenait avec le peuple chrétien. Il avait en leur parlant une familiarité royale et paternelle, je ne sais quoi des anciens patriarches ; la majesté auguste et simple du père, du vieillard et du chef.

— Il faut, leur dit-il, que je vous montre la crypte de notre église.

Et tous descendirent avec lui sous les voûtes.

Au centre de la crypte, immédiatement au-dessus du futur autel, il s'arrêta et s'entretient encore avec les pèlerins des grandeurs de Notre-Dame de Lourdes. Les pieds de Mgr Peyramale portaient sur quelques planches posées à terre et auxquelles nul ne faisait attention... Elles recouvraient le caveau funèbre où il devait être déposé quatre jours après. (1)

Le lendemain vendredi il s'allitait et le samedi, à onze heures du matin, dans la solennité de la nativité de la Vierge, Mgr Peyramale rendait son âme à Dieu, mourant comme il avait vécu, calme, résigné, les yeux tournés vers l'Eternelle-Lumière.

C'est là une coïncidence que tous les fidèles ont remarquée et il y aurait, ce semble, quelque témérité à la considérer comme l'effet du hasard.

Cette nativité de Marie qui a apporté la joie à tout l'univers a déjà apporté aussi la joie et la paix à l'âme du bon curé Peyramale.

____

(1) *L'Echo des Pèlerins.*

Ainsi s'éteignait ce grand chrétien qui avait été mêlé à l'un des plus graves événements de ce siècle.

Lorsque la Vierge avait apparu à Bernadette, c'était à l'abbé Peyramale tout d'abord que l'enfant alla naturellement demander le conseil et la force. Dieu l'avait créé de taille à les lui donner. Durant toutes les péripéties de ce drame de Lourdes, Mgr Peyramale avait été à la hauteur de la mission qu'il avait reçue et de ce que Dieu attendait de lui.

Si ce grand caractère n'était pas au-dessus de la louange, on pourrait dire que sa force a été surtout de se montrer sacerdotal.

Subtil et pénétrant dans les premiers interrogatoires qu'il fit subir à Bernadette, il était devenu comme un mur de bronze dès que les pouvoirs séculiers s'attaquèrent à un Miracle dont il avait si sagement conduit l'enquête, dont il avait si scientifiquement reconnu l'évidence. Rien n'ébranla la solidité de sa conviction, rien n'entama la beauté de sa résistance, et il ne s'estima satisfait que le jour où la Grotte fut librement ouverte aux pèlerins du monde entier et où, en exécution des ordres de la Vierge, la Basilique commença à monter dans les airs.

VIII

La mort de Mgr Peyramale prit la proportion d'un véritable deuil public.

La pompe de ses funérailles en fut une preuve éclatante.

Dès que la nouvelle de sa mort se répandit, la ville de Lourdes fut frappée de stupeur. On eût dit que le mouvement de l'activité humaine se trouvait tout à coup interrompu, tant la commotion qui avait frappé tous les cœurs était douloureuse. Les boutiques se fermèrent, les ateliers se vidèrent, tous les travaux furent immédiatement suspendus.

Le lundi, dès dix heures du matin, la population entière de Lourdes, grossie encore par celle qui était venue des environs, affluait autour du presbytère et de l'église.

Quelques heures avant la mort du vénéré prélat, par une coïncidence frappante, Mgr Langénieux, archevêque de Reims, arrivait à Lourdes. Mgr Jourdan, depuis huit jours au pied des Alpes, informé de sa présence, s'empressa alors d'inviter son illustre prédécesseur à être dans cette triste cérémonie l'interprète de l'admiration et des regrets de tous.

L'éloquent improvisateur, s'inspirant de son cœur et de ses souvenirs, célébra dans Mgr Peyramale le prêtre dévoué à la gloire de Dieu, le pasteur zélé et charitable qui, chaque jour, se dépensait sans mesure pour son troupeau, enfin l'homme providentiel, choisi par Marie pour être avec Bernadette le confident de ses secrets, et à ce titre connu et aimé dans le monde catholique tout entier.

« Je ne m'attendais pas au douloureux honneur de présider cette solennité funèbre, dit Mgr Langénieux. Simple pèlerin, je venais prier et me recueillir aux pieds de la Vierge Immaculée, et voici que la mort m'enlève un ami, et Mgr l'Evêque de Tarbes, éloigné de son diocèse, me fait prier de le remplacer en cette triste circonstance et de vous parler en son nom.

« J'essaierai de vous montrer en Mgr Peyramale le prêtre excellent, le pasteur dévoué, le confident et le témoin des secrets divins confiés par la Vierge à Bernadette.

« Le prêtre est l'homme de Dieu qui se donne et s'immole pour Dieu et pour les âmes, pour Eglise et pour la Patrie... Prêtres et fidèles du diocèse de Tarbes, vous l'avez tous connu et aimé cet enfant de vos montagnes, à l'âme ardente et généreuse, qui s'empressa de répondre à l'appel de son Dieu et consacra sa vie tout entière à tous les dévoûments...

« Parmi les prêtres, Dieu choisit les pasteurs à qui il confie une portion de la famille chrétienne, et qui ont reçu le nom glorieux de *Curés*, parce qu'ils ont dans leur cœur toutes les sollicitudes des âmes. Ces représentants de Jésus-Christ ont l'autorité du père et la tendresse de la mère. Cet idéal du pasteur vous le trouviez dans le curé de Lourdes, qui vous donnait à tous et le bon conseil et la douce consolation, et à vous ses privilégiés, les pauvres, l'aumône libérale jusqu'à la prodigalité...

« Il est une vocation plus haute encore et plus sainte, celle qui fait entrer le prêtre dans les plus intimes secrets de Dieu, qui en fait l'instrument ou le témoin de ses œuvres extraordinaires, du miracle. C'est Joseph, associé aux mystères de l'incarnation du Verbe ; ce sont les Apôtres témoins des miracles du Christ et de sa glorieuse résurrection ; c'est le zélé curé de Lourdes témoin des merveilles de la Grotte de Massabielle.

« Ce lieu devenu par les Apparitions de la Vierge Immaculée, le théâtre des plus grandes manifestations de l'ordre surnaturel et le centre du mouvement religieux qui agite le monde ; cette Grotte où la sainte Vierge a confirmé par sa parole la sentence infaillible du Vicaire de Jésus-Christ, où elle a réfuté toutes les erreurs de notre siècle et affirmé toutes les vérités du Christianisme, en les sanctionnant par une succession non interrompue de miracles ; cette Grotte fut d'abord confiée à la foi, à l'amour et au zèle du Curé de Lourdes. »

Ce langage simple et ému qui redisait une vie dont les assistants avaient été les témoins et les admirateurs, avait vivement impressionné l'auditoire. On voyait couler des larmes abondantes ; mais les consolations de la foi et la main visible de la miséricorde de Dieu et de Marie en tempéraient l'amertume.

Après l'absoute, faite par Mgr Langénieux, le cortège, traversant le centre de la ville, se dirigea vers la nouvelle église en construction tandis que la foule faisait une double haie sur tout le parcours et disait l'immensité de sa douleur par son recueillement, ses prières et ses larmes.

Selon le pieux usage des pays de foi, pour les funérailles des Pasteurs, la procession funèbre parcourut les rues principales de la ville de Lourdes. C'était la voie que Mgr Peyramale avait si souvent suivie, au milieu de la verdure et des fleurs dans la solennité de la Fête-Dieu, tenant en ses mains le Saint-Sacrement. Le peuple de Lourdes, profondément recueilli, vénérait encore, dans la dépouille du Pasteur, le Dieu de l'Eucharistie.

L'ordre du cortége, composé d'environ quatre mille personnes, était ainsi constitué :

1° Fanfare de la ville de Lourdes ;

2° Six sociétés de secours mutuels et six confréries ou corporations ;

3° Congrégation des enfants de Marie ;

4° Religieuses de tout ordre, sœurs de Nevers, de l'Immaculée Conception, de St-Frai. Tourières du Carmel, des Clarisses, des Bénédictines, etc. ;

5° Le clergé par ordre de préséance, environ 150 prêtres en surplis ;

6° M. le Supérieur du grand séminaire, qui a fait la levée du corps ;

7° Le cercueil entouré de prêtres et de la gendarmerie formant la haie ;

8° Derrière le cercueil, et conduisant le deuil, les vicaires du défunt ; M. Peyramale, conservateur des hypothèques, frère du défunt, assisté de plusieurs parents, parmi lesquels MM. Cazeaux, député ; Jouanolou, maire de Juillan, chevalier de la Légion d'honneur, et son fils, le docteur Jouanolou, membre du conseil d'arrondissement ;

9° Drap d'honneur tenu par les dignitaires du clergé :

10° Drap d'honneur porté par le conseil de fabrique. L'un des coins qui tenait la tête avait été offert à M. Henri Lasserre, l'historien de Notre-Dame de Lourdes ;

11° Drap d'honneur de la Magistrature ;

12° Drap d'honneur du Conseil municipal, le maire de Lourdes, le sous-préfet d'Argelès, un conseiller de préfecture en uniforme, délégué par le Préfet.

Six draps d'honneur appartenant aux confréries et corporations.

Malgré cette morne tristesse, le deuil semblait presque un triomphe ; c'était le triomphe de la religion et de la charité dans le représentant de Dieu.

IX

Le cercueil, avant d'être descendu dans le
caveau de la crypte, resta quelque temps
exposé au centre du vaste sanctuaire. Après le
départ du clergé, M. Lapeyre, maire de
Lourdes et conseiller général du canton,
prononça avec émotion les paroles suivantes :

Messieurs,

La ville de Lourdes ne veut pas se séparer
de son pasteur bien-aimé sans lui rendre un
dernier hommage. Elle serait bien ingrate si
elle n'arrosait pas cette tombe de ses larmes !
Qui, plus que lui, s'est dévoué pour elle ! Qui,
plus que lui, dans des temps difficiles, n'ayant

d'autre arme que la Foi, a lutté avec énergie et toujours avec convenance, contre les puissants d'alors ! Qui ne se rappelle son calme et sa sérénité en présence des obstacles de toute nature qui lui étaient suscités chaque jour !

C'était une toute petite ville alors que la ville de Lourdes... La persévérance de l'abbé Peyramale, que rien n'a pu abattre, en a fait la cité où vient affluer tout le monde catholique.

Avant de se séparer de nous, il voulait nous donner une dernière preuve de son amour inaltérable ; Dieu ne l'a pas permis, mais il donnera à son successeur la force et la puissance de terminer son œuvre.

Vous tous, messieurs, qui l'avez connu, vous ne me démentirez pas quand je dirai que c'était un grand caractère et un noble cœur. Au besoin j'invoquerais le témoignage de tous les déshérités de la fortune. Ceux-là étaient ses clients de prédilection. Les veuves, les orphelins, les ouvriers malades, les pauvres honteux, tous savaient que sa charité était inépuisable. — Ils perdent, hélas ! leur bienfaiteur et leur ami le plus dévoué.

Et maintenant, messieurs, que son âme immortelle est au ciel, nous ne pouvons mieux honorer ici-bas celui qui n'est plus qu'en gardant fidèlement le souvenir de ses vertus et de son dévouement à la ville de Lourdes, et en nous efforçant de les imiter.

Adieu, monseigneur bien-aimé, encore une fois, adieu !

Nul ne pouvait être plus autorisé que l'honorable M. Lapeyre, maire de Lourdes, à adresser les suprêmes adieux à celui qui avait été, on peut le dire, la providence et le bon génie de la Cité.

En portant la parole devant cette tombe entr'ouverte, ce n'est pas seulement un hommage officiel que rendait à Mgr Peyramale le premier magistrat civil de Lourdes : par l'estime et la considération légitime dont il jouit auprès de ses concitoyens, il appartenait encore à M. Lapeyre d'être l'interprète affectueux des sentiments de douleur et de regrets dont tous les cœurs étaient remplis.

La dépouille mortelle de Mgr Peyramale repose dans la crypte de cette nouvelle église qui fut sa dernière pensée, et sa dernière œuvre, la seule qu'il laisse incomplète.

Mais de même que, vivant, le bon curé Peyramale édifia à la sainte Vierge la Basilique de la Grotte, de même la Mère de Dieu Tout Puissant permettra que la mémoire de son serviteur se perpétue dans les splendeurs de son œuvre achevée.

TARBES, IMP. ÉMILE CROHARÉ

EN VENTE CHEZ TOUS LES MARCHANDS
A LOURDES

———

𝕹otre-𝕯ame de 𝕷ourdes

Par Henri LASSERRE.

Ouvrage honoré d'un bref spécial adressé à l'auteur
par Sa Sainteté le pape Pie IX,

ÉDITION ARTISTIQUE ET MONUMENTALE

Un beau volume in-4°, illustré d'encadrements variés à
chaque page et de chromolithographies, relié en toile,
fers spéciaux, tranches dorées. — 30 francs.

———

M. Henri Lasserre a été pour Notre-Dame de Lourdes
ce que Pierre l'Ermite, prêchant les Croisades, a été
pour la Terre-Sainte. Le monde chrétien, galvanisé par
les pages éloquentes d'un écrivain convaincu, s'est senti,
comme autrefois par la parole du saint missionnaire,
attiré vers le point où l'appelait une âme soucieuse de la
gloire de Dieu. Et des différentes parties du globe, des
pèlerins de tout âge, de toute condition, de tout sexe et
de toute nationalité viennent s'agenouiller, grâce aux
miraculeuses révélations contenues dans ce livre, devant
la Grotte où Bernadette contemplait « la Dame », et
au seuil de l'église que la piété universelle a élevée à la
Vierge de Lourdes.

———

NOTRE-DAME DE LOURDES

Par Henri LASSERRE

ÉDITION POPULAIRE, ILLUSTRÉE DE DEUX GRAVURES

Un volume in-18 jésus, de 480 pages (91ᵉ édition). — 3 fr. 50.

BIBLIOTHEQUE NATIONALE DE FRANCE

3 7502 010000004 2

www.ingramcontent.com/pod-product-compliance
Lightning Source LLC
Chambersburg PA
CBHW062329070726

47596CB00008B/750